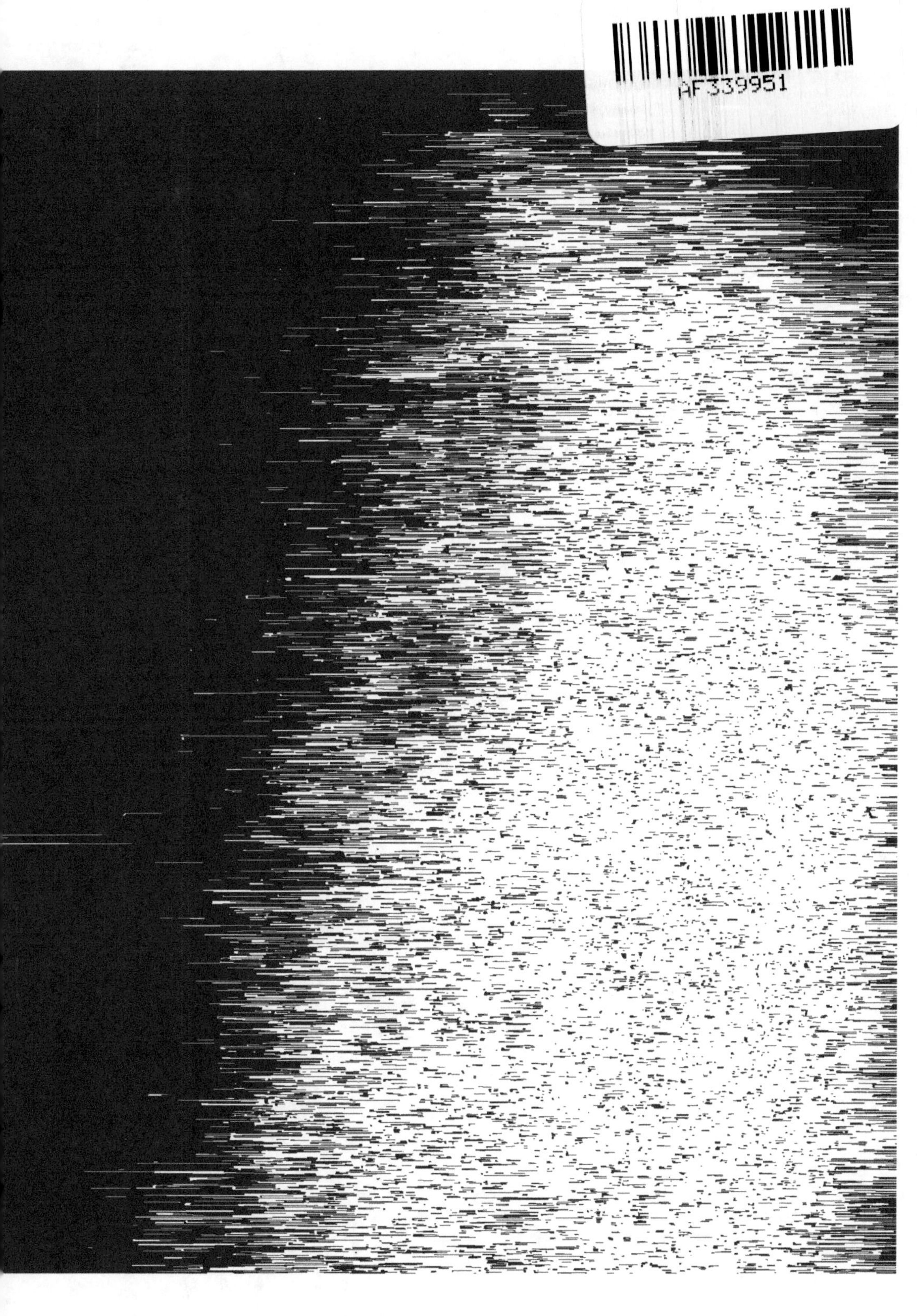

ALLOCUTION DE M. LE BATONNIER

ET

ÉLOGE

DE

HARVIER

PRONONCÉ

Par Maurice DE CHANTEAU, Avocat.

OUVERTURE

DE LA CONFÉRENCE DES AVOCATS A LA COUR IMPÉRIALE DE METZ,

Du 6 Décembre 1868.

METZ

IMPRIMERIE ET LITHOGRAPHIE DE NOUVIAN.

1869

ALLOCUTION

DE M. LE BATONNIER.

La première conférence de l'Ordre des avocats
à la cour impériale de Metz, pour l'année judiciaire
1869-1870, a eu lieu le 6 Décembre. M. le Premier
Président, M. le Procureur général et un grand nombre
de magistrats honoraient cette séance de leur présence.
M. Dommanget, doyen et bâtonnier, l'a ouverte par
l'allocution suivante :

Mes Jeunes Confrères,

I. — Des suffrages trop bienveillants me ramènent
près de vous, dans une qualité que je n'ai point osé dé-
cliner, malgré mon âge avancé et des infirmités qui en
sont inséparables. Je mettrai au service de l'ordre, tant
que cela sera physiquement possible, un reste d'activité
qui ne m'abandonne point encore et une grande affection
pour mes confrères, anciens et nouveaux : c'est un sentiment que les années n'ont pas refroidi et qui, j'espère,

ne s'éteindra jamais, alors même que, par la marche du temps, il serait comme tout ce qui vieillit, frappé d'impuissance et de stérilité.

II. — Que vous dirai-je d'utile, dans cette séance d'inauguration de nos conférences ?

Plusieurs d'entre vous, mes jeunes confrères, ont déjà marqué leurs places au barreau, de manière à prouver qu'ils sont dignes d'y rester. Je puis donc leur répéter, après quelques-uns de mes honorables prédécesseurs, plutôt à titre d'encouragement, qu'à titre de conseil, que la diligence dans le travail et l'exactitude dans la préparation sont des devoirs envers le client et envers les magistrats ; que si la clarté du style et la pureté de la diction font la beauté du discours en la forme, la moralité et la sincérité des pensées en constituent le mérite au fond.

Ce dernier devoir, dont l'accomplissement relève la profession de l'avocat, est plus facile que ne pensent les gens du monde, étrangers aux habitudes du palais, et me rappelle un préjugé que nous devons nous efforcer de combattre. Le vulgaire se persuade, en effet, que l'avocat qui perd sa cause, n'a pu la plaider de bonne foi, que certainement, il a parlé contre sa conscience. Cette erreur, car c'en est une, vient de l'ignorance où l'on est généralement des innombrables et sérieuses difficultés que présentent les procès, en fait et en droit, de leurs chances diverses, en première instance, sur l'appel, même devant la Cour de Cassation : tout le monde ne sait pas, qu'après 66 ans, le plus ancien de nos Codes prête encore à la controverse sur quelques-uns de ses articles : nos conférences et tant d'autres qui se font ailleurs, n'en sont-elles pas la preuve irrécusable ?

Le décret du 14 décembre 1810 avait introduit dans le serment des avocats une disposition empruntée au droit romain (L. 12, liv. 3, tit. *de judiciis*) et qui leur ordonnait de promettre « de ne conseiller ou défendre aucune » cause qui ne serait pas juste en leur âme et conscience. » Une telle prescription n'a pas trouvé place dans les réglements postérieurs, et c'est avec bien de la raison ; car elle obligeait l'avocat à se constituer juge du procès, quand des scrupules encore mal éclairés pouvaient le tromper et le contraindre à repousser une cause que cependant il aurait gagnée malgré son intime appréciation. Il est difficile de réduire en règles précises et de formuler en axiomes les conseils qui pourraient être donnés, à cet égard. En dehors des causes évidemment injustes et mauvaises dont aucun défenseur qui se respecte ne doit se charger, l'expérience des affaires, le tact et le sens moral sont les seuls guides à suivre. Mais ce qui ne saurait être trop recommandé à un jeune avocat, c'est de ne jamais soutenir de faux principes, de se mettre en garde contre les erreurs de droit et de ne point encourir le reproche d'ignorance ou d'inconvenante et présomptueuse témérité.

Mes Chers Confrères,

III. — Pardonnez-moi ces réflexions qui intéressent la dignité de notre ordre et souffrez que j'ajoute quelques mots s'adressant, les uns à ceux d'entre vous qui sont assez heureux pour n'avoir pas encore rang d'ancienneté au barreau, les autres, à vous jeunes hommes qui êtes au début de la carrière.

A l'égard des premiers, qui m'ont accoutumé au plaisir d'entendre la lecture d'excellents travaux, dans nos conférences hebdomadaires, j'exprime un vœu : c'est qu'ils viennent attester par leur présence, l'utilité de ces exercices. Pour plusieurs, l'assiduité serait difficile, je le comprends : une fois qu'on est entré dans un courant d'affaires, quelque faible qu'il soit, on ne s'appartient plus : l'avocat a peine à faire une large part à ce qui est de pure bienveillance et même à ce que réclame l'intérêt général de son ordre.

Mais, si je ne songe pas à demander l'impossible, je sollicite et j'espère quelques efforts généreux qui seront de bons exemples pour tous et un concours précieux pour le Bâtonnier.

IV. — Aux plus jeunes, je recommanderai la fréquentation des audiences, comme un préalable nécessaire de la plaidoierie. En écoutant la discussion des affaires, ils apprendront le secret d'être clair par la méthode et fort par le raisonnement : mieux vaut attendre un peu, que de risquer de compromettre sa cause et sa réputation, par un empressement et un zèle que l'expérience ne peut encore diriger.

V. — Puisque j'ai fait invasion dans le domaine de la plaidoierie, je ne le quitterai pas, sans vous donner, mes jeunes confrères, deux conseils pratiques.

Vous avez souvent pour contradicteurs les magistrats du ministère public. Ce n'est pas moi qui vous dirai d'abdiquer les droits de l'indépendance, qui appartiennent à l'avocat et qui vous étaient si bien retracés à cette place, le 7 décembre 1863 (1). Jamais un moyen plausible de la défense ne doit être étouffé sous la crainte de déplaire. Mais soyez modérés dans l'expression ; veillez sur la forme de votre langage, ce qui rentre d'ailleurs, dans les promesses de notre serment.

Si c'est un devoir de ne jamais s'écarter du respect dû aux tribunaux et aux autorités publiques, il n'importe pas moins de s'abstenir de toute expression et de tout procédé pouvant blesser votre adversaire, quel qu'il soit.

Soyez unis, mes jeunes confrères ; aimez-vous, les uns les autres ; faites en sorte que cette vie du palais, vie de discussions et de combats, à laquelle vous vous condamnez en prenant la robe, ne soit pas empoisonnée par des ressentiments que laisseraient des impressions pénibles reçues à l'audience. Dans l'exercice d'une profession où l'imprévu tient tant de place, nous avons besoin

(1) M. Félix Collot, alors Bâtonnier.

d'une grande liberté d'esprit...... Elle nous ferait défaut, si des torts réels ou de simples malentendus venaient altérer la bonne intelligence parmi nous.

Et ne savons-nous pas que l'estime réciproque, autant que les rapprochements du cœur, prédispose aux transactions dont on est heureux alors d'avoir eu l'initiative ! Concourir à la pacification d'intérêts qui sont en litige, c'est l'équivalent au moins d'un succès d'audience.

« Nous ne pouvons plaider au civil, disait, en 1856, » Félix Liouville, aux jeunes avocats de Paris, sans le » concours d'un confrère qui nous combat aujourd'hui, » mais qui, demain, sera notre allié et notre collabora- » teur, car la consultation et la défense nous réunissent » souvent sous le même drapeau. Et, quand nos dra- » peaux sont opposés, il nous importe encore, et il » importe à nos clients, que nous restions fraternelle- » ment unis, puisque l'un de nos premiers devoirs est » de tenter la conciliation, avant d'engager le com- » bat (1). »

VI. — Quand j'applaudis à l'union des avocats au barreau, je m'embarrasse peu des divergences d'opinions qui divisent les hommes, à notre époque d'extrême agitation. Ce n'est pas que je conseille l'indifférence ; car le scepticisme sur les matières auxquelles je fais allusion, a son danger : il apporte dans les âmes l'atonie morale, le sommeil ou la somnolence qui ressemble à la mort et qui souvent en est le précurseur.

Mais qu'on se rassure : les relations habituelles du

(1) Devoirs, honneur, avantages, jouissances de la profession d'avocat, 2e édition, page 30.

barreau ont bientôt adouci les aspérités que font naître ces graves questions qui fermentent dans le monde et qui troublent les intelligences. Il est plus aisé qu'on ne croit de distinguer entre la personne et ses doctrines, de les séparer, en accordant à l'une l'indulgence que réclame surtout la bonne foi et en réservant aux autres la sévérité de nos fortes convictions.

« La confraternité est née parmi nous, disait encore
» Liouville, qu'on citera longtemps, de l'organisation et
» des nécessités mêmes de notre profession. Les mêmes
» études nous ont préparés, une même école nous a
» formés, un même esprit nous anime ; et, réunis dans
» un même temple, c'est sur le même autel que nous
» sacrifions, alors même que nous paraissons divisés
» par la contradiction des vœux que nous adressons à la
» justice. »

Oui, Messieurs, la confraternité développe chez les avocats avec plus d'ampleur qu'au sein de beaucoup d'autres corporations, ce sentiment de mutuelles affections qui n'est, après tout, que la loi d'amour que Dieu a mise au cœur de l'homme, qu'il lui a donnée et imposée, parce que, en le créant, il le destinait à la vie sociale.

Cette loi, ennemie de l'antagonisme, qui repousse les antipathies, vos anciens l'ont pratiquée ; elle a été douce pour eux ; vous la pratiquerez à votre tour : adviennent plus tard les jours de rude labeur et de contrariétés poignantes ; vous saurez ce que vaut l'amitié des confrères, pour retremper les forces, relever le courage et nous rasséréner l'esprit.

La parole ayant été donnée à M. de Chanteau, il a prononcé l'éloge de M. Harvier, ancien avocat au Barreau de Metz.

ÉLOGE DE HARVIER.

Monsieur le Batonnier,

Messieurs et chers Confrères,

Le Parlement de Metz avait rempli la mission que lui avait dictée le cardinal de Richelieu ; grâce à son habile politique, la province des Trois-Évêchés s'était ralliée sous les lois de la France et avait oublié l'époque où libre et respectée, elle voyait les princes se disputer l'honneur de la protéger. Il n'avait pas fallu moins de quatre-vingts ans de luttes pour dompter l'esprit d'indépendance de nos ancêtres, pour soumettre les justices inférieures du pays et pour effacer les emblêmes de l'usurpation impériale. Les difficultés, les obstacles, les disgrâces même, rien n'avait pu arrêter les efforts de cette cour souveraine dans l'œuvre d'assimilation qui lui avait été confiée.

A ces jours de troubles succède enfin une ère de calme et de tranquillité ; et le Parlement, qui s'est montré jusqu'alors l'instrument docile de l'autorité royale, se dira bientôt le représentant des volontés de la nation, le dépositaire essentiel de sa liberté, de ses intérêts et de ses droits.

Notre compagnie s'était ressentie des commotions qui avaient agité le corps judiciaire auquel elle était unie ; elle devait profiter des années de paix qui lui étaient réservées. Aussi à aucune période de l'histoire de nos prédécesseurs le barreau ne fut-il plus florissant et plus fréquenté qu'au début du siècle dernier.

C'est l'école où sont venus se former d'éminents diplomates, de savants magistrats ; c'est à ce foyer d'émulation et de travail qu'ils ont puisé les principes de science et d'honneur qui les ont aidés à s'élever dans la hiérarchie des dignités sociales ; et quand parfois la fortune ou la faveur populaire leur a manqué, ils ont retrouvé leur place *dans ce champ d'asile des vaincus de tous les partis,* suivant la belle expression de M. le Bâtonnier Liouville (1).

A côté de ces hommes qui abandonnèrent leurs premières études pour se lancer dans l'arène politique, il en est d'autres qui ont pensé que la vie humaine n'était pas trop précieuse pour qu'on la consacrât à la défense des droits de la vérité et que notre profession n'était pas indigne qu'on s'y employât entièrement. Faisant au soutien des intérêts privés le sacrifice de leurs plaisirs ou de leur ambition, ils se sont rendus utiles à leurs semblables et ont mérité que le souvenir de leurs talents et de leurs vertus fût religieusement conservé dans les traditions du barreau.

(1) F. Liouville. *De la profession d'avocat,* p. 79.

De tous les avocats de notre ancien Parlement, Jean-François Harvier parcourut la plus laborieuse carrière. Inscrit au tableau en 1725, il exerçait encore lorsque l'Assemblée constituante décréta l'abolition de l'ordre auquel il appartenait. C'est ainsi que durant sa longue existence, il put admirer les grandeurs de la monarchie sous Louis XIV, déplorer les caprices et les faiblesses de la royauté chancelante et applaudir un jour à la proclamation de la souveraineté du peuple. Né avec le dix-huitième siècle, il assista dès l'origine à ce prodigieux développement de la pensée humaine, qui secouant les entraves dans lesquelles l'absolutisme avait jusque-là resserré ses élans, tentait la solution de tous les problèmes politiques, sociaux et religieux. Harvier ne pouvait rester indifférent à ce généreux mouvement des esprits, et son âme s'ouvrit d'elle-même au sentiment de la justice, à l'amour du progrès moral.

Sa vie se concentra tout entière dans l'accomplissement de ses devoirs professionnels. Ce sera donc par les luttes courtoises qu'il a soutenues au Palais que nous chercherons à le connaître, ses travaux nous permettront de l'apprécier.

Harvier avait obtenu ses grades à l'université de Reims, il vint prêter le serment d'avocat à Metz le 25 octobre 1725. Sans protecteur et sans appui, il dut avoir à combattre les incertitudes et les défaillances de la première heure. Mais il portait en lui la constance et l'obstination qui triomphent des difficultés, l'amour du beau et du vrai qui console des défaites. Son attention scrupuleuse dans la préparation des affaires, la méthode lucide et brillante de son exposition lui valurent bientôt un rang honorable parmi ses confrères. A la science du jurisconsulte il joignait une loyauté sans égale, une modération parfaite, une répugnance naturelle pour la dissimulation et le mensonge « la plus grande et la plus insupportable des lâchetés, » disait-il. Dans un discours prononcé par lui à la rentrée des conférences (1), il peint en traits accusés les qualités qu'il se plaît à rencontrer chez l'orateur :

« C'est l'amour de la vérité et de la justice, c'est la droiture du cœur qui doivent être dans l'avocat le principe et l'objet de l'art de bien dire. Sa destination et ses fonctions exigent donc qu'il soit plus qu'orateur. Ce n'est plus devant une multitude qui exerçait autrefois ses jugements et qui se faisait craindre par ses caprices qu'il doit faire briller ses talents. Le tribunal de la justice, qui doit les éprouver, n'est composé que de magistrats dans qui aucun mélange de passion, d'intérêt ou d'amour-propre ne trouble la pureté de leur ministère. Ils ne cherchent et ne demandent que le vrai. »

Tout en demeurant dans les strictes limites de la vérité, Harvier avait le don de convaincre et de persuader, et le charme de son langage provenait de la manière ardente et sensible avec laquelle il présentait son sujet.

« La conviction agit sur l'entendement, la persuasion sur la volonté, l'une fait connaître le bien, l'autre le fait aimer, la première n'emploie que la force du raisonnement pour dissiper les nuages qui s'opposent à la lumière,

______

(1) Discours de rentrée, 1767. — Arch. des avocats.

la seconde y ajoute la douceur du sentiment pour surmonter les obstacles que la passion oppose à son triomphe. »

Cicéron, dans son livre de Oratore (1), explique comment il y a eu si peu de bons orateurs ; c'est que les qualités qu'ils doivent acquérir sont innombrables : le style qui colore la pensée et qui aide à faire vibrer ces ressorts secrets que la nature cacha dans le cœur humain ; les qualités de l'esprit, l'enjouement, la vivacité de la répartie ; le geste, l'attitude, le regard, la manière de gouverner sa voix ; enfin des connaissances étendues en philosophie, en littérature, en toutes les branches de la science et du droit.

Cette énumération n'a-t-elle pas lieu d'effrayer les plus audacieux ? Et avant la codification de nos lois françaises, alors que chaque province, chaque cité, chaque village obéissait à des usages locaux, quel ne devait pas être le savoir de l'avocat pour qu'il parvint à résoudre les questions qui lui étaient soumises ! Dans le ressort du Parlement de Metz, outre les ordonnances en vigueur, ne suivait-on pas douze coutumes différentes ? (2) C'était au jurisconsulte qu'appartenait le soin d'étudier la variété des textes et des interprétations, de discerner la juste application des dispositions légales. Harvier avait approfondi tous les commentaires de notre ancienne législation et le temps a conservé quelques factums

(1) *Cic. de Oratore*, lib. I, 4, 5.

(2) Metz, Toul, Verdun, Paris, Vitry, Sedan, Luxembourg, Lorraine, Vermandois, Saint-Mihiel, Évêché de Metz et la Petite-Pierre.

émanés de sa main qui prouvent combien il était expert en toutes les matières qu'il lui était donné de traiter.

Le règne du privilége tire à sa fin : les droits seigneuriaux contestés, leur perception critiquée et combattue paraissent être le présage de la destruction prochaine du régime féodal. L'autorité du passé semble subitement s'évanouir et de tous côtés surgissent des attaques d'autant plus graves qu'elles partent d'hommes plus éclairés.

Le chapitre de la cathédrale de Verdun jouissait de ses droits seigneuriaux sur plus de 40 communautés depuis un temps immémorial. En 1753, Me Hallot, avocat au bailliage de Verdun, et redevable pour sa part et portion dans la communauté de Belleville, refusait de se soumettre, et alléguait que le seigneur n'avait pas le pouvoir de s'attribuer une mesure propre et particulière pour percevoir ses impositions (1).

Il est question dans un autre procès soutenu par l'abbesse de l'abbaye royale de Baume d'un droit de chasse, concédé à ce monastère par les souverains dans leur domaine privé, sur toute l'étendue de la châtellenie qui avait pour chef-lieu la ville de Baume et sur le territoire des 14 villages qui la composaient. Par suite d'un échange qu'ils en avaient fait avec le roi en 1772, le comte de Mauclerc et le sieur Daguet s'étaient mis en possession de plusieurs seigneuries du nombre de celles

(1) Précis signifié en la cause d'entre les doyen, chanoines et chapitre de l'Église cathédrale de Verdun, intimés, — contre Me Charles Hallot, avocat au parlement, exerçant au bailliage de Verdun, appelant. — A Metz, chez Joseph Collignon, imprimeur à la Bible-d'Or, 1753. 63 pages d'impression in-4°.

qui faisaient partie de la châtellenie. Était-il possible que cet échange eût dépouillé l'abbaye de Baume d'un droit qui lui appartenait en toute propriété depuis douze siècles, et qui n'avait cessé d'être reconnu pendant si longtemps ? (1)

C'est encore un sieur de Maigret qui prétend élever les rotures qu'il possède à Desnes à la qualité de fief, afin de les soustraire aux deux tiers de l'imposition qu'elles doivent supporter, et par là même surcharger les autres habitants du pays. Le sieur Matherot, chanoine du chapitre métropolitain de Besançon et seigneur moyen et bas justicier sur la communauté de Desnes, s'oppose à ces empiétements. (2)

Dans ces différents conflits, Harvier soutenait des prérogatives respectées pendant des siècles et qui lui semblaient avoir reçu du temps une empreinte d'autorité. Mais lorsque certains membres du clergé demandèrent

---

(1) Mémoire pour dame Angélique Perronne de l'Aubespine, abbesse de l'abbaye royale de Baume, intimée et incidemment appelante. — Contre le sieur Claude-Léonard Daguel, chevalier de l'ordre royal et militaire de Saint-Louis, ancien capitaine de cavalerie . demeurant à Rillau,

Et le sieur François-Joseph comte de Mauclerc.

A Metz, chez Joseph Antoine, imprimeur du Roi et de NN. SS du parlelement. 55 pages d'imp. in-4°.

(2) Mémoire pour Messire Antoine-Joseph Matherot , seigneur de Desnes , chanoine de l'illustre chapitre métropolitain de Besançon , demandeur. — Contre le sieur Marie Thomas de Maigret , demeurant à Lons-le-Saulnier, incidemment appelant et incidemment défendeur.

Et les habitants et communauté de Desnes aussi appelants et incidemment intimés.

A Metz, chez Joseph Antoine, imprimeur du Roi et de NN. SS. du parlement. 52 pages d'imp. in-4°.

l'augmentation de la dîme, l'illustre avocat et ses confrères s'opposèrent à leurs prétentions exagérées. C'est ainsi que le 26 avril 1759 ils rédigèrent en commun un acte de notoriété, d'après lequel ils refusaient aux prêtres la permission de prélever la dîme sur les fruits nouvellement importés dans les communautés. Cette décision, nous n'en doutons pas, favorisa dans le pays l'introduction de la précieuse parmentière, puisque le redevable obtenait la faculté d'en planter sans que le décimateur pût lui imposer de contribution. (1)

Que nous sommes encore loin de 1789 ! Pouvait-on supposer alors que trente ans plus tard, une auguste assemblée prononcerait l'abolition des droits seigneuriaux ? Dans la fameuse nuit du 4 août toutes les dîmes en nature sont déclarées rachetables ; quelques jours après, Mirabeau combattant le rachat des redevances, et soutenant à la tribune que les biens ecclésiastiques appartiennent au peuple : « Non, la dîme n'est pas une propriété, s'écrie-t-il, elle n'est pas même une possession, elle est une contribution destinée à cette partie du service public qui concerne les ministres des autels. C'est le subside avec lequel la nation salarie les officiers de morale et d'instruction. »

En vain l'abbé Sieyès démontre-t-il qu'en abolissant les dîmes sans rachat, on sera tenu de les remplacer par un impôt sur la généralité des citoyens, et qu'ainsi l'on déchargera les derniers acquéreurs de la propriété de plus de 120 millions de rente qu'ils payaient auparavant. Sa voix est étouffée par l'enthousiasme croissant, et

(1) Arch. des avocats.

l'archevêque de Paris se levant dans un indicible transport, remet au nom du clergé français toutes les dîmes ecclésiastiques entre les mains d'une nation juste et généreuse. (1) Grand et magnifique exemple d'abnégation et de patriotisme !.. trop peu apprécié et trop vite oublié !

Si durant le dix-huitième siècle, le clergé de France défendait avec énergie ses intérêts matériels compromis, il ne montrait pas moins de sollicitude pour la conservation de ses prérogatives spirituelles, et le Parlement fut souvent appelé à délimiter l'étendue de juridiction des prêtres.

En 1781, M. Thiébault, curé de la paroisse Sainte-Croix, intenta un procès aux filles de la Propagation de la Foi qui refusaient de le reconnaître pour leur pasteur. Harvier rédigea à l'appui du mémoire présenté par le spirituel Juzan de la Tour pour les dames de ce couvent, une consultation intéressante au point de vue de l'histoire de la communauté et du droit qui régissait les rapports des établissements religieux avec les prêtres séculiers. Cet ordre avait été institué par Madame Polaillon et saint Vincent de Paul vers l'année 1650 ; deux sœurs venues de Paris installèrent à Metz une maison de refuge pour les filles et femmes juives ou hérétiques qu'elles instruisaient et convertissaient. D'après les lettres patentes que le roi leur avait accordées en 1657, elles avaient obtenu des priviléges et des exemptions ; il leur était même permis de garder pendant quinze jours les personnes qui seraient entrées volontairement dans la

---

(1) *Moniteur universel.* Séances du 4 au 11 août 1789.

maison, avec défense aux parents et amis de celles-ci de troubler le séjour qu'elles y feraient. Bossuet, leur premier supérieur, leur donna des statuts provisionnels qu'elles abandonnèrent ensuite pour adopter la règle de l'Union chrétienne du séminaire de Paris.

M. Thiébault, interprétant les lettres patentes de 1657, voulait être, « pour le repos de sa conscience, » disait l'auteur du mémoire, curé des dames de la Propagation de la Foi parce que leur maison était située sur sa paroisse ; il voulait à ce titre avoir droit de juridiction pastorale sur elles, sur leurs pensionnaires et leurs domestiques. Il voulait enfin qu'aucun prêtre séculier ou régulier n'exerçât de fonctions dans leur église sans son consentement exprès ou tacite. (1)

Les avocats furent chargés la même année par le Parlement de dresser un acte de notoriété destiné à trancher une contestation survenue entre le prince régnant de Nassau-Sarrebrück et le consistoire électoral de Trèves, au sujet de la juridiction épiscopale que ce consistoire prétendait lui compéter sur le village et la cure de Puttelange, cédés en 1766 par le Roi à la maison de Nassau. Harvier prit une part active à la discussion de ce factum qui fixa les droits réciproques de deux princes étrangers à la France. (2)

(1) Mémoire pour le séminaire des filles de la Propagation de la Foi et de l'Union chrétienne de cette ville, appelantes, — Contre M. Thiébault, curé de Sainte-Croix, intimé.

La consultation se trouve à la suite du mémoire.

A Metz, chez J.-B. Collignon, imprimeur à la Bible-d'Or. 1781. 64 pages d'imp. in-4º.

(2) Arch. des avocats.

Son expérience consommée des affaires, la sagesse de ses réponses expliquent aisément l'importance que l'on attachait à ses consultations. (1) La Cour savait apprécier en lui le mérite du jurisconsulte, et dans un procès fameux, elle lui confia une tâche honorable dont il s'acquitta avec autant de prudence que de discernement.

Je veux parler de cette cause célèbre qui excita au

(1) On peut citer les consultations suivantes rédigées par Harvier :

1. Pour demoiselle Pierrette-Françoise Gabriel, fille et héritière de M. Claude Gabriel, conseiller du Roi, trésorier de France honoraire au bureau des Finances des Généralités de Metz et d'Alsace, appelante;

Contre Mayeur Caen, juif de Metz, ci-devant marchand joaillier, et Rosette Grodval, sa femme, intimés.

A Metz, chez Joseph Collignon. 1753. 23 pages d'imp. in-4°.

2. Pour Chambrette, — Contre Loyal.

A Metz, chez Joseph Antoine. 1766. 94 pages d'imp. in-12.

3. Pour M⁰ Claude-Augustin Vignon, avocat à la cour, appelant ;

Contre le sieur Jean Camus, chantre-marguillier de la paroisse St-Victor, le sieur Dominique Auburtin, maître-maçon, le sieur Martouzet et autres parties en cause, tous intimés.

A Metz, chez Joseph Antoine. 1776. 51 pages d'imp. in-4°.

4. Pour les sieurs Charles d'Arros, chevalier, baron d'Arros et de Vivens, chevalier de l'ordre royal et militaire de Saint-Louis, colonel de cavalerie, et Michel Judith de Sagey, chevalier, seigneur de Neizey et Pierrefontaine, aussi chevalier de l'ordre de Saint-Louis, intimés ;

Contre les demoiselles Geneviève-Françoise-Charlotte et Marie-Françoise-Alexandrine de Bombelle, appelantes.

A Metz, chez Joseph Antoine, 1777. 19 pages d'imp. in-4°.

5. Pour le sieur Moutillard, ancien secrétaire de l'ordre de Malte au grand prieuré de Champagne,

Contre le sieur Geoffroy, secrétaire au même prieuré.

A Metz, chez Joseph Antoine. 1782. 21 pages d'imp. in-4°.

plus haut point l'intérêt et la curiosité du public : l'affaire de M. de Monnier contre le chevalier de Valdahon.

M. de Valdahon avait séduit la fille du premier président à la chambre des comptes de Dôle, M. de Monnier, qui le fit condamner pour rapt à 20 000 livres de dommages-intérêts et à 20 ans d'exil de la province. La jeune fille fut enfermée dans un couvent, et au bout de huit années, quand elle eut atteint sa majorité, elle adressa à son père des actes respectueux afin d'obtenir de lui la permission d'épouser son séducteur. M. de Monnier se refusa à cette union ; l'affaire fut évoquée devant le Parlement de Metz, et un avocat général, M. de Boucheporn, depuis intendant de la Corse, décida par son brillant réquisitoire la Cour à débouter le père inflexible de son opposition. Par arrêt en date du 21 mars 1771, Harvier fut chargé concurremment avec Laroche et Paquin de rédiger les articles du contrat de mariage de M. de Valdahon et de Mlle de Monnier. (1)

Le talent de Harvier se prêtait bien aux discussions de droit civil et à la défense des causes qui intéressent la famille, la fortune et la propriété ; mais il devait préférer encore ces débats où l'honneur et l'existence des citoyens sont mis en jeu. Il vivait à une époque où la liberté individuelle était méconnue, où la torture et ses exécrables supplices arrachaient parfois à des innocents l'aveu de crimes qu'ils n'avaient pas commis, où la sentence était dénuée de tout contrôle et de toute publicité. L'on comprend dès-lors que souffrant de cet avilis-

(1) *Biographie de la Moselle*, par Bégin, T. I, p. 119 et suiv.

sement de la dignité humaine, il ait souhaité faire entendre ces sublimes accents de l'orateur qui entraînent le juge indécis en éveillant dans son âme des sentiments de commisération et de pitié. Mais le législateur avait assuré le châtiment de l'accusé en lui refusant les secours d'un défenseur, et, comme le disait M. de Lamoignon, le bénéfice d'un privilége acquis au prévenu « par le droit naturel qui est plus ancien que toutes les lois humaines. » Cependant, si l'avocat se trouvait dans l'impossibilité légale de traduire de vive voix les moyens de défense de son client, il avait conservé du moins dans des circonstances exceptionnelles le droit de rédiger des mémoires justificatifs.

Harvier n'est plus seulement ici le jurisconsulte, il devient le moraliste : nul ne connait mieux les détours du cœur humain, ses faiblesses, ses convoitises, ses abaissements ; avec quelle délicatesse il sait enchaîner les événements, sonder les mobiles du crime, en étudier toutes les phases ; avec quelle hardiesse il dévoile la calomnie et stigmatise l'injure !

La liberté de chacun est profanée, le seigneur d'un village peut jeter à son gré dans les cachots le vassal qui n'a pas eu le talent de lui complaire.

Le prêtre lui-même, le prêtre n'est pas à l'abri des malfaisantes intentions de ses ennemis, et les prisons s'ouvrent pour lui avec leur appareil d'infamie et de souffrances. Harvier proteste inutilement pour le respectable curé de Saint-Simplice contre les accusations d'un vicaire interdit qui se venge des trop justes reproches de son pasteur. La cour condamne M. Risch, et il faut

qu'un arrêt du Conseil démasque la duplicité et la super-
cherie du dénonciateur pour faire cesser sa douloureuse
captivité et le rendre à ses ouailles éplorées. (1)

Que l'on se rappelle les arrestations arbitraires, les
lettres de cachet, les sequestrations imméritées contre
lesquelles se sont élevés Malesherbes, Voltaire, Beccaria,
Filangieri et toute l'école philosophique du XVIIIe siècle,
et l'on ne s'étonnera pas de ces acrimonieuses paroles
que laissait échapper le proscrit de 1773: « Partout où il
y a des hommes, il se passe des choses odieuses, et le
grand tort d'avoir raison est toujours un crime aux yeux
du pouvoir, qui veut sans cesse punir et ne jamais
juger. » (2)

Si Harvier obtenait dans l'exercice de sa profession de
grands et légitimes succès, il en rapportait tout l'honneur au corps dont il faisait partie. Mieux que personne,
il appréciait les bienfaits de l'esprit de confraternité;
c'était au contact de ses devanciers que s'était formée sa
jeune intelligence, c'était à l'ombre de leur patronage

---

(1) Supplique pour Me Jean-Joseph Risch, prêtre et curé de la paroisse
Saint-Simplice de cette ville, accusé ;

Contre Me Jean-Joseph Louys, prêtre de ce diocèse, accusateur et plai-
gnant,

Contre la nommée Barbe Marchand,

Me Jean-Claude Pierre, prêtre et vicaire de la même paroisse,

Me Gabriel-Honoré Gravelotte, prêtre, curé de Courcelles-sur-Nied,

André Petit Mangin, marguillier de ladite paroisse, et Marguerite Lainel,
sa femme,

Et Anne Thomas, femme de Nicolas Marchand, aussi tous accusés.

A Metz, chez Dominique Antoine, au Signe-de-la-Croix, 1749, 64 p. d'imp.
pet. in-f°.

(2) Lettre de Beaumarchais à Gudin, datée du For-l'Évêque.

qu'il avait grandi, c'était à leur exemple qu'il s'était élevé, grâce à la loyale émulation qui nous encourage et nous stimule à marcher dans la voie du perfectionnement.

Il aimait le barreau et il contribua à sauvegarder précieusement sa dignité de toute souillure et dans plusieurs occasions à conserver ses franchises et ses libertés.

En 1744, M. de Rochecolombe, lieutenant pour le roi dans la place, informa les avocats de la part du maréchal de Belle-Isle qu'ils seraient compris dans les différentes compagnies de la milice bourgeoise, destinées à prendre les armes le jour de l'arrivée du roi Louis XV à Metz. Les justes susceptibilités de l'ordre s'émurent de cette innovation, aussi une députation d'avocats fut-elle chargée de représenter au maréchal qu'il n'était pas convenable que le barreau portât les armes dans les rangs de la bourgeoisie.

Le gouverneur de la ville auprès duquel ils furent introduits répondit à leurs réclamations que l'on avait mal conçu ses ordres, qu'il avait simplement demandé le dénombrement des personnes qui se trouvaient à Metz. Et il ajouta qu'il avait trop de considération pour l'ordre en général et trop d'estime pour chacun de ses membres en particulier pour qu'il ait songé à imposer aux avocats l'obligation de marcher avec la bourgeoisie (1).

Peu d'années après le barreau se trouva en conflit avec le bailliage de la ville.

En 1752, M. Dumont, avocat au Parlement, provoqua

____

(1) Arch. des avocats.

une assemblée de l'ordre pour se plaindre d'un acte vexatoire dont il avait à souffrir. En vertu d'un décret du lieutenant-général au bailliage, un procureur s'était permis de faire saisir entre ses mains des pièces à lui confiées par un de ses clients. Celui-ci avait formé opposition à cette saisie et assigné M. Dumont pour voir déclarer commune avec lui la sentence qui interviendrait, en sorte que l'avocat se trouvait personnellement engagé dans une cause qui ne le touchait en rien et où il n'aurait dû paraître qu'en qualité de conseil.

L'intérêt du public exigeant plus encore que celui de l'ordre que le secret de tout ce que les parties confient à leurs avocats demeure inviolable, le barreau déclara qu'il était indigne des procureurs de pratiquer de pareilles saisies et d'altérer la réciproque confiance des clients et de leurs conseils. Pour faire cesser cet état de choses, l'ordre députa Harvier auprès du lieutenant-général au bailliage espérant que grâce à son esprit conciliateur il parviendrait à faire réformer ce désordre et qu'il ne serait pas nécessaire d'en porter plainte à la cour. Le lieutenant-général reconnut qu'une éclatante réparation était due à l'ordre et promit à Harvier qu'à la première audience des réquisitions seraient prises par les gens du roi pour qu'à l'avenir des actes de cette nature ne soient plus possibles. Harvier rendit compte à l'assemblée du 12 février de l'accueil favorable du lieutenant-général et les membres du barreau s'applaudissaient de l'heureux résultat de sa démarche. Quel ne fut pas leur désappointement quand ils apprirent que les gens du roi s'étaient refusés à prendre des réquisitions et que le bailliage avait décidé qu'il n'y avait pas lieu de réglementer d'office cette fausse situation ! C'est alors qu'ils déclarèrent « qu'ils s'abstiendraient de plaider, écrire et consulter dans toutes les causes et procès pendants soit au bailliage, soit au présidial, soit au siége de la police de Metz, même sur tous les appels à interjeter des sentences rendues dans les justices ressortissantes au bailliage et au présidial. »

Le 29 février, la cour leur donna enfin pleine et entière satisfaction en reconnaissant dans un arrêt motivé avec sévérité que le procureur du roi et à son défaut le bailliage auraient dû sentir la nécessité de faire cesser cet abus et en les blâmant de ce qu'au lieu de suivre cette voie qui était la plus simple et la plus naturelle, ils avaient pris le parti de violer les réglements. Défenses leur étaient faites de permettre dorénavant semblables saisies, et leur manque d'égards pour l'ordre des avocats recevait une pénible sanction : cet arrêt si violent dans ses termes devait être lu et publié à l'ouverture de la première audience du bailliage.

Les avocats mûs par un sentiment de tact et de générosité bien en harmonie avec les habitudes de notre profession refusèrent d'assister à cette publication, et ils reprirent immédiatement leur office auprès de ce tribunal (1).

En 1788, l'ordre témoigna une fois de plus de son désintéressement et de son indépendance.

L'assemblée provinciale des Trois-Évêchés et du Clermontois avait le 21 novembre de l'année précédente

---

(1) Arch. des avocats.

établi un conseil de trois avocats qui étaient nommés pour deux ans, rétribués par la province et chargés de donner gratuitement leurs consultations aux communautés d'habitants. Aux termes du procès-verbal, cette mesure avait été décrétée pour arrêter les progrès de l'esprit de chicane qui dévastait les communautés, absorbait leurs revenus, nécessitait des emprunts et souvent entraînait la ruine même des particuliers.

Les membres du barreau prirent une délibération en vertu de laquelle ils renonçaient à pouvoir être élus, nommés ou désignés par l'assemblée provinciale; il y avait en effet contradiction entre la charge, qui leur incombait de prêter gratuitement leur ministère aux communautés d'habitants et la rétribution, qui leur était accordée en retour. D'ailleurs les honoraires qui leur seraient remis proviendraient d'impositions, qui seraient supportées aussi bien par les communautés et cotisables qui n'auraient pas de procès que par les autres. Le délai de deux ans annonçait la possibilité d'une révocation qui compromettrait l'honneur et la réputation des avocats suspendus dans leurs fonctions. Enfin il paraissait inconvenant que l'on gênât les communautés dans le choix de leurs conseils et qu'on les empêchât d'user d'une confiance « qui ne se commande pas et qui ne peut que s'inspirer par les vertus, les lumières et la capacité de celui auquel on s'adresse (1). »

Le barreau messin ne se contentait pas de défendre ses propres libertés : dans un procès porté à la cour

_____

(1) Arch. des avocats.

souveraine de Lorraine entre les habitants du village de Maron et le P. Recteur des Jésuites du noviciat de Nancy, ce dernier avait écrit un factum qui semblait atteindre l'un des avocats de cette ville, M^c de Nicéville, dans son honorabilité. En réponse à ces attaques offensantes, les avocats de Nancy publièrent un mémoire pour leur confrère insulté ; ceux de Metz en produisirent deux au bas desquels se lisent les signatures de Harvier et des principaux membres du barreau.

Les services éminents que Harvier avait rendus à l'ordre, le nom illustre qu'il s'était acquis par ses talents, l'affection dont l'entouraient ses confrères lui valurent en 1746 le titre de bâtonnier ; il accepta toutes les charges qu'impose cette dignité, il en comprit tous les devoirs. A la mort de Gabriel, l'auteur des Observations sur les coutumes de Metz, il devint le doyen de cette compagnie, qui le comptait parmi ses membres les plus actifs depuis un demi-siècle.

Ses vertus, son noble caractère lui avaient attiré dès longtemps l'estime du Parlement, et les affiches des Évêchés et Lorraine de 1781 relatent un incident qui prouve la déférence dont la cour voulait bien l'honorer.

Il venait de plaider à la chambre des enquêtes où il n'était pas d'usage pour les avocats de se tenir assis pendant que leurs adversaires portaient la parole. Sa plaidoirie terminée, M. le Président Goussaud lui dit :

« Harvier, la Cour autant en considération de la durée et de la distinction de vos services que de votre âge avancé vous autorise à vous asseoir. Elle vous prévient que c'est une permission générale qu'il ne sera pas nécessaire de renouveler pour l'avenir. »

Harvier répondit :

« Je suis bien sensible à la bonté et à l'indulgence de la cour. Je lui demande la permission de me tenir dans la situation que me prescrit le respect dû à la majesté d'une cour souveraine. »

La feuille de l'époque se faisant l'organe du public ajoute à ce récit la réflexion suivante :

« En honorant ainsi le mérite dans la profession d'avocat, la cour doit s'attendre à voir toujours au barreau des orateurs et des jurisconsultes dignes d'elle ainsi que de leur état. La distinction accordée à Mᶜ Harvier ne pouvait être mieux méritée que par ce Nestor du Palais. On ne pouvait la rendre plus flatteuse que ne l'a fait M. le Président Goussaud. »

C'est en vain que M. le Bâtonnier l'engagea à profiter de la permission spéciale que lui avait accordée la chambre des enquêtes. Harvier s'y refusa en disant « qu'il ne voulait être distingué de ses confrères que par son respect pour l'ordre et son attachement à chacun de ses membres. »

Le Parlement avait usé de son droit de remontrances lors de la création de la cour plénière en 1788, sa disgrâce ne se fit pas attendre. Mais à la convocation des États-Généraux, qui eut lieu au mois de septembre, le roi le rappela de l'exil et le réintégra dans toutes ses attributions.

A l'audience publique de rentrée du 21 octobre, Harvier exprima au nom de ses confrères la joie que ressentait l'ordre des avocats de l'heureux rétablissement de la cour dans la plénitude de ses pouvoirs. Cette harangue fut souvent interrompue par les applaudissements de l'assistance qui attestait ainsi le bonheur qu'elle éprouvait à revoir ses magistrats. L'historien du Parlement nous a conservé les détails des ovations populaires qui accueillirent sa réinstallation et des fêtes que la ville lui offrit à son retour.

L'une des plus grandes consolations de l'homme qui sent que la force et l'existence l'abandonneront bientôt, est de revivre dans la personne de ses enfants : d'assister à leurs premiers pas dans la carrière, de guider leurs efforts, de leur éviter les chutes, de les encourager de ses conseils, de jouir de leurs victoires, de pleurer avec eux leurs déceptions et leurs peines. Harvier avait un fils dont les nobles qualités devaient être un jour le charme de ses vieux ans, il eut la douleur de le perdre alors que ce jeune homme venait de prendre place à côté de son père dans les rangs du barreau (1).

Vingt ans plus tard, le vénérable doyen de l'ordre présentait au serment son petit-fils et venait demander au Parlement de continuer à celui qui portait son nom la bienveillance qu'elle lui avait sans cesse accordée (2).

La génération, qui avait vu les splendeurs et les aberrations de la royauté, qui avait plaidé la cause de la

(1) Jean-François Harvier, né le 1er novembre 1743, de Me Jean-François Harvier, avocat à la cour, et de dame Marguerite Gilbert, son épouse, décédé le 11 février 1769.

(2) Marie-Joseph-Victor Harvier, né le 20 mars 1768, fils de M. Jean-François Harvier et de dame Anne-Gabrielle Conegliano, son épouse.

liberté sous le règne de l'absolutisme donnait la main à cette jeune et forte descendance, qui allait être appelée à combattre elle aussi pour la liberté contre les excès de la démagogie. C'est toujours la grande voix du barreau qui se fait entendre lorsqu'il s'agit d'arrêter les entraîne-ments du fanatisme, de pondérer les forces, de calmer les passions soulevées et qui lutte avec le même courage contre les attentats du despotisme et contre les aveugle-ments de l'anarchie.

Hélas ! bientôt devait crouler cette puissante organi-sation de notre compagnie ; et le décret du 16 août 1790 supprimant les cours souveraines devait être suivi de celui du 11 septembre qui abolit l'ordre des avocats. Il cessera d'exister pour quelques années, mais pendant cette période de dissolution, on verra encore les anciens avocats du Parlement se presser à la barre pour protester contre les horreurs de la tyrannie révolutionnaire. Les Tronchet, les de Sèze, les Chauveau-Lagarde s'immor-taliseront en défendant l'innocence opprimée. Un jour viendra où les débris épars de ces vieilles compagnies se réuniront et l'ordre se reconstituera sur ses anciennes bases avec ses traditions de désintéressement, d'honneur et de probité.

Harvier assista au premier réveil de la nation et il eut le bonheur de mourir avant ces sinistres journées qui allaient ensanglanter la France. Le 14 janvier 1792 il s'éteignit âgé de 94 ans dans le calme et la dignité de l'homme qui a conscience d'avoir noblement accompli sa destinée. Et cependant à la veille de quitter ses chères études, il regrettait avec le philosophe, qu'il lui fallût mourir le jour où il commençait à savoir : *querebatur se tùm cum illa videre cœpisset extingui* (1).

Les hommes de bien laissent après eux comme une trace lumineuse de leur passage dans la vie, guide infaillible pour ceux qui veulent sincèrement les imiter et continuer leur œuvre.

Harvier fut la personnification complète de l'avocat laborieux, intègre, ami du devoir, fier de sa profession.

Dans les circonstances critiques qu'il eut à traverser, il chercha une diversion à ses peines dans l'amour du travail : le travail était pour lui plus qu'une habitude, c'était une consolation et l'existence lui sembla courte parce qu'il employa chacun de ses instants à perfectionner les qualités que la nature lui avait départies.

En dépit de ses triomphes, il conserva ce sentiment exquis de la modestie qui est la pudeur du vrai mérite ; et il éprouva toujours cet embarras naturel qu'inspirent à l'avocat la majesté de la justice et la crainte de ne pas se rendre digne de sa bienveillance.

Harvier fut l'un de ceux qui ont le plus honoré notre compagnie et contribué à la rendre glorieuse et respectée; il a trouvé la récompense de ses vertus dans l'estime de ses contemporains et son nom vivra éternellement parmi nous comme un symbole de loyauté, de science et de dévoûment.

(1) Cic. Tusc. III. 28.